# INTRODUCTION

Vous rêvez de posséder votre propre site web, mais le codage vous semble trop complexe? Ne vous inquiétez plus ! Wix, la plateforme de développement web révolutionnaire, est là pour concrétiser vos idées en ligne, sans nécessiter de compétences techniques.

Wix offre une interface intuitive basée sur le glisser-déposer, permettant à chacun de concevoir et de personnaliser son site web en toute simplicité. Choisissez parmi une variété de modèles élégants et adaptez-les à votre style unique sans tracas.

Que vous soyez un entrepreneur débutant, un artiste passionné ou un propriétaire de boutique en ligne, Wix a tout ce qu'il vous faut. Les fonctionnalités polyvalentes vous permettent de créer des sites web pour des blogs, des portfolios, des entreprises, et bien plus encore.

Que vous souhaitiez vendre des produits, partager votre passion ou simplement vous faire connaître, Wix offre une solution simple et efficace. Libérez votre créativité et lancez-vous dans l'univers en ligne avec Wix dès aujourd'hui !

# CHAPITRE UN

## Définition de Wix en tant que Plateforme de Construction de Sites Web

Wix est une plateforme de construction de sites web révolutionnaire, offrant une approche novatrice pour la création en ligne, accessible à tous, quels que soient les niveaux de compétence technique. Il s'agit d'un outil puissant qui permet à chacun de donner vie à ses idées et de créer une présence en ligne percutante.

Au cœur de la proposition de valeur de Wix se trouve son éditeur intuitif basé sur le glisser-déposer. Cette fonctionnalité unique simplifie le processus de conception, permettant aux utilisateurs de sélectionner des éléments, de les déplacer et de les personnaliser sans nécessiter de connaissances approfondies en programmation. Les utilisateurs ont la liberté de choisir parmi une variété de modèles élégants, adaptés à une gamme diversifiée de besoins, des portfolios artistiques aux boutiques en ligne florissantes.

Wix ne se limite pas à la création visuelle, il offre également des solutions complètes. En fournissant un service d'hébergement intégré, Wix facilite la publication immédiate des sites web nouvellement créés, éliminant ainsi les tracas liés à la gestion de serveurs externes.

# CRÉATION DE COMPTE SUR WIX

La création d'un compte sur Wix est une étape cruciale pour maximiser l'expérience de construction de site web. Suivez ce guide étape par étape pour vous inscrire sur Wix et découvrez pourquoi la création de compte revêt une importance particulière pour sauvegarder vos progrès.

Guide Étape par Étape pour la Création de Compte sur Wix :

1. Accédez au Site Wix : Rendez-vous sur le site officiel de Wix dans votre navigateur web.

2. Cliquez sur "S'inscrire" : Recherchez l'option "S'inscrire" ou "Créer un Compte" et cliquez dessus.

3. Remplissez le Formulaire : Complétez le formulaire d'inscription en fournissant les informations requises, telles que votre adresse e-mail, mot de passe, et le type de site que vous envisagez de créer.

4. Options de Connexion : Wix offre également la possibilité de s'inscrire via Google ou Facebook. Choisissez l'option qui vous convient le mieux.

5. Confirmation de l'E-mail : Après avoir rempli le formulaire, vérifiez votre boîte de réception pour le courriel de confirmation. Cliquez sur le lien de confirmation pour activer votre compte.

6. Profil Utilisateur : Complétez votre profil utilisateur avec des informations supplémentaires pour personnaliser votre expérience.

7. Commencez à Créer : Une fois le compte créé, commencez à explorer les fonctionnalités de Wix et commencez à créer votre site web.

# IMPORTANCE DE LA CRÉATION DE COMPTE POUR SAUVEGARDER LES PROGRÈS :

La création d'un compte sur Wix est essentielle pour plusieurs raisons, notamment :

1. Sauvegarde des Progrès : Un compte Wix vous permet de sauvegarder automatiquement vos progrès lors de la création de votre site web. Vous pouvez reprendre là où vous vous êtes arrêté, même si vous changez d'appareil.

2. Accès à des Fonctionnalités Avancées : En créant un compte, vous débloquez l'accès à des fonctionnalités avancées et à des outils supplémentaires pour personnaliser et optimiser votre site.

3. Gestion Facile du Contenu : Un compte vous permet de gérer facilement le contenu de votre site, d'ajouter des pages, de télécharger des médias, et de personnaliser votre présence en ligne.

4. Interaction avec la Communauté Wix : En créant un

compte, vous pouvez participer à la communauté Wix, partager vos expériences, obtenir des conseils et rester informé des dernières mises à jour et tendances.

# CHOIX D'UN MODÈLE

Le choix du bon modèle constitue une étape cruciale dans la création de votre site web sur Wix. Cette note explique le processus de sélection des modèles et offre des conseils pratiques pour choisir celui qui convient le mieux à votre type de site.

Processus de Sélection d'un Modèle :

1. Accédez à la Galerie de Modèles : Une fois connecté à votre compte Wix, accédez à la galerie de modèles qui propose une variété d'options pour différents types de sites web.

2. Filtrage par Catégorie : Wix organise ses modèles par catégories telles que "Entreprise", "Portfolio", "Blog", et "Boutique en Ligne". Sélectionnez la catégorie correspondant le mieux à l'objectif de votre site.

3. Prévisualisation : Parcourez les modèles disponibles dans la catégorie choisie et cliquez sur ceux qui attirent votre attention. La fonction de prévisualisation vous permet de voir à quoi ressemblera votre site avec ce modèle.

4. Étude des Fonctionnalités : Examinez les fonctionnalités incluses dans chaque modèle. Certains modèles sont spécialement conçus pour l'e-commerce, tandis que d'autres mettent l'accent sur la mise en page artistique ou

la convivialité des blogs.

5. Adaptabilité : Assurez-vous que le modèle est adaptable à vos besoins spécifiques. Certains modèles offrent une plus grande flexibilité en matière de personnalisation, tandis que d'autres sont plus structurés.

6. Compatibilité Mobile : Vérifiez la compatibilité mobile du modèle. Il est essentiel que votre site soit accessible et attrayant sur les appareils mobiles.

7. Consultez les Avis : Si disponible, consultez les avis d'autres utilisateurs sur le modèle. Cela peut vous donner des informations précieuses sur la facilité d'utilisation et la satisfaction des utilisateurs.

Conseils pour le Choix du Modèle en Fonction du Type de Site Web :

1. Entreprise : Optez pour un modèle qui met en avant vos produits ou services de manière claire. Recherchez une mise en page professionnelle avec des sections dédiées aux témoignages et aux coordonnées.

2. Portfolio : Choisissez un modèle mettant en valeur vos créations. Recherchez des options avec une galerie d'images élégante et une mise en page qui met l'accent sur vos compétences artistiques.

3. Blog : Sélectionnez un modèle avec une mise en page facile à naviguer. Priorisez la lisibilité du contenu et recherchez des fonctionnalités telles que des zones dédiées aux articles récents et aux commentaires.

4. Boutique en Ligne : Optez pour un modèle e-commerce avec une mise en page conviviale pour le shopping en ligne. Recherchez des fonctionnalités telles que des pages de produits, des paniers d'achat et des options de paiement

sécurisées.

# COMPRÉHENSION DU TABLEAU DE BORD (DASHBOARD) DE WIX

Le tableau de bord (Dashboard) de Wix est le hub central où vous gérez tous les aspects de votre site web. Cette note offre un aperçu détaillé du tableau de bord et explique comment naviguer à travers ses principales fonctionnalités.

Aperçu du Tableau de Bord de Wix :

1. Accueil : En accédant au tableau de bord, la page d'accueil vous accueille avec des informations cruciales, telles que les statistiques de votre site, les notifications et les mises à jour récentes.

2. Éditeur de Site : Cette section vous permet d'accéder à l'éditeur de site, où vous pouvez modifier et personnaliser le contenu de votre site. C'est l'endroit central pour apporter des changements visuels et structurels.

3. Gérer le Site : Cette fonctionnalité vous permet de gérer les paramètres essentiels de votre site, y compris le domaine, l'hébergement, et d'autres configurations.

4. Marketing : Accédez à des outils de marketing puissants, tels que la gestion de campagnes par e-mail, le suivi des visiteurs, et d'autres stratégies pour promouvoir votre site.

5. Boutique en Ligne : Si vous avez une boutique en ligne, cette section vous donne accès aux fonctionnalités spécifiques liées aux ventes en ligne, telles que la gestion des produits, des commandes et des paiements.

6. Wix App Market : Explorez et installez des applications supplémentaires depuis le marché d'applications de Wix pour étendre les fonctionnalités de votre site.

7. Assistance : Obtenez de l'aide et accédez à la documentation Wix pour résoudre les problèmes et trouver des réponses à vos questions.

Navigation à Travers les Différentes Sections :

1. Éditeur de Site : Cliquez sur "Éditeur de Site" pour accéder à l'interface de conception de votre site. Ici, vous pouvez ajouter des éléments, modifier le contenu, et prévisualiser les changements avant de les publier.

2. Gérer le Site : Dans cette section, vous pouvez ajuster les paramètres de base de votre site, tels que le domaine, l'hébergement, et les informations générales sur votre site.

3. Marketing : Explorez les outils de marketing en cliquant sur "Marketing". Créez des campagnes d'e-mails, suivez les performances de votre site et utilisez d'autres stratégies de promotion.

4. Boutique en Ligne : Si vous avez une boutique en ligne, cliquez sur "Boutique en Ligne" pour gérer vos produits, suivre les commandes, et configurer les options de paiement.

5. Wix App Market : Découvrez de nouvelles applications en

cliquant sur "Wix App Market". Ajoutez des fonctionnalités supplémentaires à votre site en installant des applications tierces.

6. Assistance : Trouvez de l'aide en cliquant sur "Assistance". Accédez à la base de connaissances, posez des questions dans la communauté, ou contactez le support pour résoudre les problèmes éventuels.

# PAGES ET LA NAVIGATION

Les pages et la navigation constituent des éléments essentiels pour structurer efficacement votre site sur Wix. Cette note vous guide à travers la création, l'édition, et l'organisation des pages, ainsi que la personnalisation du menu de navigation.

Création de Pages :

1. Accédez à l'Éditeur de Site : Connectez-vous à votre compte Wix et accédez à l'éditeur de site.

2. Ajoutez une Nouvelle Page : Dans le panneau latéral, cliquez sur "Pages" et sélectionnez "Ajouter une Page". Choisissez le type de page souhaité, comme "Accueil", "À Propos", "Services", etc.

3. Personnalisez le Contenu : Une fois la page créée, personnalisez le contenu en utilisant l'éditeur. Ajoutez des textes, des images, et d'autres éléments selon le thème de la page.

Édition des Pages :

1. Accédez à la Liste des Pages : Dans le panneau "Pages", cliquez sur "Pages" pour voir la liste de toutes vos pages.

2. Éditez une Page : Sélectionnez la page que vous souhaitez modifier. Utilisez l'éditeur pour apporter des changements

au contenu, à la mise en page, ou pour ajuster d'autres paramètres spécifiques à la page.

3. Organisez les Pages : Utilisez la fonction de glisser-déposer pour réorganiser l'ordre des pages. Cela affecte également l'ordre dans le menu de navigation.

Personnalisation du Menu de Navigation :

1. Accédez à la Configuration du Menu : Dans le panneau "Pages", cliquez sur "Menu & Pages" pour accéder à la configuration du menu de navigation.

2. Ajoutez des Liens : Ajoutez des liens vers vos pages en utilisant l'option "Ajouter une Page". Vous pouvez également ajouter des liens externes ou des liens vers des sections spécifiques d'une page.

3. Personnalisez l'Apparence : Personnalisez l'apparence du menu en ajustant le style, la couleur, la police, et d'autres paramètres. Assurez-vous que le menu correspond au design global de votre site.

4. Réorganisez les Éléments du Menu : Utilisez la fonction de glisser-déposer pour réorganiser les éléments du menu. Cela détermine l'ordre dans lequel les pages apparaissent dans la navigation.

5. Ajoutez des Sous-Menus : Si votre site a une structure plus complexe, créez des sous-menus en faisant glisser les pages sous une page principale. Cela crée une hiérarchie logique dans votre navigation.

Conseils Pratiques :

• Clarté de la Navigation : Assurez-vous que votre menu est clair et intuitif pour les visiteurs, facilitant ainsi leur navigation sur votre site.

• Liens Cohérents : Veillez à ce que les liens du menu soient cohérents avec le contenu de vos pages. Cela garantit une expérience utilisateur fluide.

• Testez la Navigation : Après avoir apporté des modifications, testez la navigation sur différentes pages pour vous assurer que tout fonctionne correctement.

# CHAPITRE DEUX

## Fondamentaux de l'Éditeur Wix

L'Éditeur Wix est l'outil puissant qui permet à chacun de créer et de personnaliser son site web sans avoir besoin de compétences en programmation. Cette note offre une introduction aux bases de l'Éditeur Wix, mettant en lumière l'éditeur par glisser-déposer, ainsi que les options de la barre d'outils et de la barre latérale.

Introduction à l'Éditeur par Glisser-Déposer :

L'Éditeur Wix repose sur un principe fondamental : le glisser-déposer. Cette fonctionnalité révolutionnaire permet aux utilisateurs de concevoir leur site web en déplaçant simplement des éléments graphiques sur l'interface, éliminant ainsi la nécessité de codage complexe.

1. Ajout d'Éléments : Pour ajouter un élément à votre page, il suffit de le sélectionner dans le panneau des éléments, puis de le faire glisser et de le déposer à l'emplacement souhaité sur votre page.

2. Personnalisation Facile : Une fois les éléments ajoutés, personnalisez-les en utilisant les options de l'éditeur. Modifiez le texte, ajustez les images, et changez la disposition en utilisant des poignées de redimensionnement simples.

3. Prévisualisation Instantanée : L'éditeur offre une fonction de prévisualisation instantanée qui vous permet

de voir exactement à quoi ressemblera votre site avant de le publier.

4. Structuration Intuitive : Organisez la structure de votre page en faisant glisser les éléments pour créer une mise en page qui correspond parfaitement à votre vision.

Explication des Options de la Barre d'Outils :

1. Barre d'Outils Principale : En haut de l'Éditeur, vous trouverez la barre d'outils principale. C'est là que vous accédez aux fonctionnalités essentielles telles que "Enregistrer", "Prévisualiser" et "Publier".

2. Options de Sélection : La barre d'outils contient également des options de sélection, de déplacement, et de duplication d'éléments sur votre page.

3. Options de Mise en Page : Vous pouvez ajuster la mise en page de votre page en utilisant les options disponibles dans la barre d'outils, comme l'alignement des éléments, l'ajustement de l'espacement, et la gestion des grilles.

Explication des Options de la Barre Latérale :

1. Panneau d'Éléments : Sur le côté gauche de l'Éditeur se trouve le panneau d'éléments. C'est ici que vous sélectionnez et faites glisser les éléments que vous souhaitez ajouter à votre page, tels que des textes, des images, des boutons, etc.

2. Panneau de Paramètres : Le panneau de paramètres, situé sur le côté droit, s'ajuste en fonction de l'élément que vous avez sélectionné. Il vous permet de personnaliser les détails spécifiques de l'élément, comme la police, la couleur, et les liens.

3. Explorateur de Pages : En bas du panneau latéral se trouve l'Explorateur de Pages, où vous pouvez voir et

naviguer entre les différentes pages de votre site.

# PERSONNALISATION DES ÉLÉMENTS

Personnaliser les éléments sur votre site web avec Wix est essentiel pour créer une présence en ligne unique et attrayante. Cette note fournit un guide complet sur la personnalisation des éléments, y compris l'édition de textes, d'images et d'autres composants, ainsi que la modification des couleurs, des polices et des styles.

Édition de Textes :

1. Sélection de Texte : Cliquez sur le texte que vous souhaitez éditer dans l'éditeur pour le sélectionner.

2. Modification du Contenu : Modifiez le texte en supprimant, ajoutant ou en modifiant le contenu selon vos besoins.

3. Formatage du Texte : Utilisez la barre d'outils de formatage pour mettre en gras, en italique, souligner, ou aligner le texte. Vous pouvez également ajuster la taille et la couleur du texte.

Édition d'Images :

1. Sélection d'Image : Cliquez sur l'image que vous souhaitez éditer pour la sélectionner.

2. Remplacement d'Image : Remplacez l'image en téléchargeant une nouvelle depuis votre ordinateur ou en

choisissant parmi les médias de votre bibliothèque.

3. Ajustement de la Taille : Utilisez les poignées de redimensionnement pour ajuster la taille de l'image. Assurez-vous de maintenir les proportions pour éviter la déformation.

4. Filtrage d'Image : Ajoutez des filtres ou ajustez la luminosité et le contraste à l'aide du panneau de paramètres.

Personnalisation d'Autres Éléments :

1. Sélection d'Élément : Pour d'autres éléments tels que les boutons, les formulaires, ou les diviseurs, cliquez pour les sélectionner.

2. Modification du Contenu : Modifiez le contenu de l'élément selon vos besoins, que ce soit le texte d'un bouton ou les champs d'un formulaire.

3. Personnalisation des Styles : Utilisez le panneau de paramètres pour ajuster les styles, tels que la couleur de fond, les bordures, et les espacements.

Modification des Couleurs, Polices et Styles :

1. Couleurs : Pour changer les couleurs, accédez au panneau de paramètres de l'élément concerné. Sélectionnez l'option de couleur pour le texte, l'arrière-plan, les bordures, etc.

2. Polices : Choisissez parmi une variété de polices disponibles dans le panneau de paramètres du texte. Sélectionnez celle qui correspond le mieux à l'esthétique de votre site.

3. Styles : Pour uniformiser le style de votre site, utilisez les thèmes de couleurs et les styles prédéfinis. Ceci peut être configuré dans les paramètres globaux du site.

Conseils Pratiques :

• Consistance : Maintenez la consistance des couleurs, des polices et des styles pour garantir une apparence professionnelle et cohérente.

• Prévisualisation Régulière : Utilisez la fonction de prévisualisation pour voir comment les changements affectent l'apparence globale de votre site.

• Test sur Différents Appareils : Assurez-vous que les modifications apportées sont également attrayantes sur les appareils mobiles en testant la responsivité de votre site.

# ARRIÈRE-PLANS ET LES MÉDIAS

L'intégration d'arrière-plans et de médias sur votre site web via Wix est une stratégie puissante pour captiver les visiteurs et renforcer l'impact visuel. Cette note offre un guide détaillé sur l'ajout d'images, de vidéos et d'autres médias en tant qu'arrière-plans, ainsi que sur l'ajustement des paramètres pour ces éléments médias.

Ajout d'Images en tant qu'Arrière-Plans :

1. Sélectionnez la Section : Cliquez sur la section ou l'élément auquel vous souhaitez ajouter un arrière-plan d'image.

2. Options de Fond : Dans le panneau de paramètres, recherchez les options de fond. Sélectionnez "Image" et choisissez une image depuis votre bibliothèque ou téléchargez-en une nouvelle.

3. Ajustez les Paramètres : Ajustez les paramètres selon vos préférences, notamment la position, la taille et l'effet de l'image d'arrière-plan.

Ajout de Vidéos en tant qu'Arrière-Plans :

1. Sélectionnez la Section : Cliquez sur la section ou l'élément auquel vous souhaitez ajouter une vidéo en arrière-plan.

2. Options de Fond Vidéo : Dans le panneau de paramètres, choisissez l'option de fond "Vidéo". Sélectionnez une vidéo depuis votre bibliothèque ou insérez un lien externe.

3. Paramètres de Lecture : Ajustez les paramètres de lecture tels que la boucle, le démarrage automatique et le son.

Ajout d'Autres Médias :

1. Intégration de Galeries : Pour intégrer des galeries d'images ou de vidéos, utilisez les éléments de galerie dans le panneau d'éléments. Ajoutez les médias et personnalisez le style selon vos préférences.

2. Insertion de Médias dans le Texte : Pour insérer des médias dans des zones de texte, utilisez les options d'insertion multimédia dans le panneau de texte. Cela peut inclure des images, des vidéos YouTube, etc.

Ajustement des Paramètres pour les Éléments Médias :

1. Taille et Position : Pour les médias d'arrière-plan, ajustez la taille et la position pour garantir un affichage optimal. Utilisez les poignées de redimensionnement et les options d'alignement.

2. Effets et Filtres : Explorez les options d'effets et de filtres disponibles pour les images et les vidéos. Cela peut inclure des filtres de couleur, des effets de flou, etc.

3. Paramètres de Lecture Vidéo : Pour les vidéos, configurez les paramètres de lecture tels que le démarrage automatique, la boucle, et le contrôle du volume.

4. Overlay et Opacité : Ajoutez des overlays de couleur ou ajustez l'opacité pour créer des effets visuels uniques.

Conseils Pratiques :

• Choix Cohérent : Assurez-vous que les médias

sélectionnés sont cohérents avec le thème et le ton de votre site.

• Optimisation de la Taille : Pour les images, veillez à optimiser leur taille pour une meilleure performance du site.

• Compatibilité Mobile : Vérifiez que vos médias sont adaptés aux dispositifs mobiles en ajustant les paramètres de responsivité.

# ANIMATIONS ET EFFETS

L'ajout d'animations et d'effets à votre site web Wix est une manière puissante de dynamiser l'expérience utilisateur et de rendre votre contenu plus captivant. Cette note vous guide à travers l'application d'animations, l'utilisation d'effets de défilement, et l'intégration de transitions pour améliorer l'attrait visuel de votre site.

Application d'Animations :

1. Sélectionnez l'Élément : Cliquez sur l'élément auquel vous souhaitez ajouter une animation.

2. Options d'Animation : Dans le panneau de paramètres, cherchez les options d'animation. Wix propose une variété d'effets tels que l'apparition, le fondu, le rebond, etc.

3. Réglez les Paramètres : Ajustez la vitesse, le délai et d'autres paramètres d'animation pour personnaliser l'effet selon vos préférences.

4. Prévisualisez l'Animation : Utilisez la fonction de prévisualisation pour voir comment l'animation apparaîtra sur votre site avant de publier les modifications.

Utilisation des Effets de Défilement :

1. Sélectionnez l'Élément de Défilement : Cliquez sur l'élément que vous souhaitez animer en défilement, tel

qu'une image, un texte, ou une section entière.

2. Options de Défilement : Dans le panneau de paramètres, cherchez les options de défilement. Vous pouvez choisir des effets tels que le déplacement, le fondu, et la mise à l'échelle.

3. Réglez la Déclenchement : Déterminez quand l'effet de défilement doit commencer en ajustant les paramètres de déclenchement. Par exemple, vous pouvez choisir qu'un élément apparaisse lorsqu'il est à mi-chemin dans la fenêtre du navigateur.

4. Ajustez les Paramètres de Vitesse : Modifiez la vitesse de l'effet de défilement pour un mouvement fluide et cohérent.

Intégration de Transitions :

1. Sélectionnez la Transition : Allez dans le panneau de paramètres et recherchez les options de transition. Choisissez le type de transition que vous souhaitez appliquer.

2. Appliquez la Transition aux Pages : Vous pouvez appliquer des transitions entre les pages pour créer une expérience de navigation fluide. Ajustez les paramètres pour définir comment chaque page apparaît et disparaît.

3. Personnalisez la Vitesse : Ajustez la vitesse des transitions pour un mouvement dynamique mais pas trop rapide, assurant une expérience utilisateur agréable.

Conseils Pratiques :

• Modération : Évitez d'ajouter trop d'animations pour éviter une expérience utilisateur trop chargée. Optez pour des effets subtils qui complètent votre contenu.

• Cohérence : Utilisez des animations cohérentes sur

différentes pages pour créer une expérience utilisateur harmonieuse.

• Testez sur Différents Appareils : Assurez-vous que vos animations et effets sont également attrayants sur les appareils mobiles en testant la responsivité de votre site.

# FORMULAIRES ET ÉLÉMENTS DE CONTACT

L'intégration de formulaires de contact et d'éléments de contact sur votre site Wix est essentielle pour permettre aux visiteurs de vous contacter facilement. Cette note fournit un guide détaillé sur l'ajout et la personnalisation de formulaires de contact, ainsi que sur l'intégration d'informations de contact et de cartes pour une interaction fluide.

Ajout et Personnalisation de Formulaires de Contact :

1. Ajout d'un Élément de Formulaire : Dans le panneau d'éléments, recherchez l'option "Formulaires" et faites glisser l'élément de formulaire sur la page.

2. Personnalisation du Formulaire : Cliquez sur le formulaire pour accéder aux paramètres de personnalisation. Modifiez les champs du formulaire en fonction des informations que vous souhaitez recueillir.

3. Ajout de Nouveaux Champs : Si nécessaire, ajoutez de nouveaux champs au formulaire pour inclure des détails spécifiques, tels que le numéro de téléphone, l'adresse, etc.

4. Personnalisation du Bouton d'Envoi : Personnalisez le texte du bouton d'envoi pour le rendre accueillant et

informatif, par exemple, "Envoyer", "Soumettre", etc.

Intégration d'Informations de Contact :

1. Ajout d'Éléments de Contact : Pour afficher vos informations de contact, utilisez des éléments de texte ou des sections spécifiques. Indiquez votre numéro de téléphone, votre adresse e-mail, et d'autres coordonnées.

2. Personnalisation des Styles : Personnalisez le style des informations de contact pour les faire correspondre au thème global de votre site. Ajustez la police, la couleur et la mise en page.

Intégration de Cartes :

1. Ajout d'une Carte : Utilisez l'option "Cartes" dans le panneau d'éléments pour ajouter une carte à votre page. Cette carte peut afficher l'emplacement de votre entreprise.

2. Configuration de l'Emplacement : Cliquez sur la carte pour accéder aux paramètres. Entrez l'adresse de votre entreprise pour que la carte affiche l'emplacement correct.

3. Personnalisation de la Carte : Personnalisez l'apparence de la carte en ajustant le style et en définissant des options telles que la vue satellite, le zoom par défaut, etc.

Conseils Pratiques :

• Éléments Visuels : Utilisez des icônes ou des éléments visuels à côté de vos informations de contact pour les rendre plus attrayantes et facilement repérables.

• Testez le Formulaire : Après la personnalisation, testez le formulaire pour vous assurer qu'il fonctionne correctement et que les informations sont collectées comme prévu.

• Carte Interactive : Si possible, configurez la carte pour être interactive, permettant aux utilisateurs de zoomer et de naviguer.

# CHAPITRE TROIS

## Intégration des Réseaux Sociaux

Intégrer vos réseaux sociaux sur votre site Wix est une stratégie essentielle pour renforcer votre présence en ligne et encourager l'engagement des visiteurs. Cette note offre un guide complet sur la liaison et l'intégration de flux sociaux, ainsi que l'utilisation de boutons de réseaux sociaux pour optimiser votre présence en ligne.

Liaison et Intégration de Flux Sociaux :

1. Ajout d'un Élément Social : Dans le panneau d'éléments, recherchez l'option "Réseaux Sociaux" et ajoutez un élément social à votre page.

2. Configuration des Liens : Cliquez sur l'élément social pour accéder aux paramètres de configuration. Entrez les liens de vos profils sociaux, tels que Facebook, Twitter, Instagram, LinkedIn, etc.

3. Personnalisation des Styles : Personnalisez l'apparence de l'élément social pour qu'il corresponde au design global de votre site. Ajustez la taille, la couleur et la disposition selon vos préférences.

4. Intégration de Flux Sociaux : Si vous souhaitez afficher un flux en direct de vos publications sociales, utilisez des applications tierces ou des widgets disponibles sur le Wix App Market. Configurez-les en ajoutant les détails de votre compte social.

Utilisation de Boutons de Réseaux Sociaux :

1. Ajout de Boutons de Réseaux Sociaux : Dans le panneau d'éléments, recherchez l'option "Boutons de Réseaux Sociaux" et ajoutez-les à votre page.

2. Personnalisation des Boutons : Cliquez sur chaque bouton pour accéder aux paramètres de personnalisation. Entrez les liens de vos profils sociaux respectifs pour chaque bouton.

3. Choix des Icônes : Sélectionnez les icônes de réseaux sociaux appropriées pour chaque bouton. Assurez-vous que les icônes correspondent aux plateformes que vous utilisez.

4. Positionnement sur la Page : Disposez les boutons de réseaux sociaux de manière stratégique sur votre page, généralement dans l'en-tête, le pied de page ou sur une page d'accueil.

Conseils Pratiques :

• Liens Fonctionnels : Assurez-vous que tous les liens de vos profils sociaux sont fonctionnels. Testez-les pour garantir une navigation fluide.

• Icônes Reconnaissables : Choisissez des icônes de réseaux sociaux facilement reconnaissables pour que les visiteurs puissent identifier rapidement leurs plateformes préférées.

• Widgets Dynamiques : Pour des fonctionnalités plus avancées, envisagez l'utilisation de widgets sociaux qui peuvent afficher des flux en direct, des boutons de partage, etc.

# FONCTIONNALITÉS DE COMMERCE ÉLECTRONIQUE

La mise en place d'une boutique en ligne sur votre site Wix offre une opportunité exceptionnelle de vendre vos produits ou services de manière efficace. Cette note vous guide à travers la configuration et la personnalisation d'une boutique en ligne, ainsi que la gestion des produits, des stocks et des commandes.

Configuration et Personnalisation d'une Boutique en Ligne :

1. Activation du Module E-commerce : Accédez à votre tableau de bord Wix, sélectionnez la section "Boutique" et activez le module e-commerce. Suivez les instructions pour configurer les paramètres initiaux.

2. Sélection d'un Plan E-commerce : Choisissez le plan e-commerce qui correspond à vos besoins. Wix propose différentes options en fonction du volume de vos ventes et des fonctionnalités souhaitées.

3. Ajout de Produits : Dans le panneau d'administration de la boutique, cliquez sur "Produits" et ajoutez vos articles. Ajoutez des détails tels que le nom, la description, le prix, les images, etc.

4. Personnalisation du Design de la Boutique :

Personnalisez l'apparence de votre boutique en ligne en utilisant les outils de conception de Wix. Ajustez le style, les couleurs et la disposition pour correspondre à votre marque.

Gestion des Produits, des Stocks et des Commandes :

1. Gestion des Produits : Utilisez le panneau d'administration pour ajouter, modifier ou supprimer des produits. Organisez-les en catégories et attribuez-leur des balises pour une navigation facile.

2. Gestion des Stocks : Si vous avez des quantités limitées de produits, activez la gestion des stocks. Cela vous permet de suivre les niveaux de stock et de recevoir des notifications en cas de bas niveau.

3. Commandes et Suivi : Consultez régulièrement les nouvelles commandes dans le panneau d'administration. Suivez les commandes en cours, traitées et expédiées. Mettez à jour les statuts des commandes pour informer les clients.

4. Options de Paiement et Livraison : Configurez les options de paiement et de livraison. Wix offre plusieurs passerelles de paiement sécurisées et des options d'expédition flexibles.

Conseils Pratiques :

• Descriptions Détaillées : Rédigez des descriptions de produits détaillées pour aider les clients à prendre des décisions éclairées.

• Visuels de Qualité : Utilisez des images de haute qualité pour présenter vos produits. La visualisation précise influence l'achat.

• Offres Spéciales : Proposez des offres spéciales, des remises ou des codes promotionnels pour stimuler les ventes.

• Réactivité : Assurez-vous que votre boutique en ligne est responsive pour une expérience utilisateur optimale sur tous les appareils.

# ÉDITEUR MOBILE

L'accessibilité sur les appareils mobiles est cruciale dans le monde d'aujourd'hui. Cette note vous guide à travers l'Éditeur Mobile de Wix, vous donnant un aperçu de ses fonctionnalités et fournissant des conseils pour optimiser votre contenu afin de garantir une expérience utilisateur exceptionnelle sur les appareils mobiles.

Aperçu de l'Éditeur Mobile :

L'Éditeur Mobile de Wix est une extension de l'Éditeur classique qui vous permet de personnaliser et d'ajuster spécifiquement votre site pour une visualisation optimale sur les smartphones et tablettes. Voici un aperçu des fonctionnalités clés :

1. Adaptabilité Instantanée : L'Éditeur Mobile vous permet de voir instantanément comment votre site apparaîtra sur les appareils mobiles pendant le processus de conception.

2. Édition Intuitive : Modifiez la disposition, la taille des textes, les images, et d'autres éléments de manière intuitive pour garantir une expérience utilisateur cohérente.

3. Options de Mise en Page : Ajustez la disposition des éléments pour optimiser l'espace sur un écran plus petit tout en préservant l'esthétique de votre site.

4. Visibilité Sélective : Choisissez de masquer certains éléments sur la version mobile si nécessaire, pour

simplifier l'interface et améliorer la lisibilité.

Conseils pour Optimiser le Contenu pour les Appareils Mobiles :

1. Priorisez la Simplicité : Simplifiez la navigation en réduisant le nombre de menus et en hiérarchisant les informations les plus importantes.

2. Textes Concis : Réduisez la longueur des textes pour une lecture rapide et facile. Utilisez des titres et des sous-titres pour organiser l'information.

3. Images Optimisées : Assurez-vous que les images sont optimisées pour le chargement rapide sur les réseaux mobiles. Utilisez des formats d'image adaptés comme JPEG.

4. Boutons et Liens : Augmentez la taille des boutons et des liens pour faciliter les clics tactiles. Gardez-les suffisamment espacés pour éviter les erreurs de clic.

5. Testez la Navigation : Testez la navigation sur différentes pages de votre site pour vous assurer que les utilisateurs peuvent accéder facilement à toutes les sections.

6. Optimisation de la Vitesse : Minimisez les éléments lourds et les scripts complexes pour améliorer la vitesse de chargement, crucial sur les appareils mobiles.

7. Vérifiez la Responsivité : Vérifiez régulièrement la responsivité de votre site en utilisant l'aperçu dans l'Éditeur Mobile et en testant sur différents appareils.

Conseils Avancés :

• AMP (Accelerated Mobile Pages) : Si possible, activez AMP pour des pages mobiles encore plus rapides et optimisées.

• Optimisation SEO Mobile : Assurez-vous que votre site est bien optimisé pour les moteurs de recherche sur les appareils mobiles en utilisant des balises meta adaptées.

• Intégration de Fonctionnalités Mobiles : Explorez les fonctionnalités spécifiques aux mobiles, telles que la géolocalisation, pour améliorer l'expérience utilisateur.

# FONDAMENTAUX DU SEO

Le référencement (SEO) est essentiel pour améliorer la visibilité de votre site sur les moteurs de recherche. Cette note vous guide à travers les bases du SEO, en mettant l'accent sur l'optimisation des titres de page, des descriptions et des URLs, ainsi que la soumission de sitemaps aux moteurs de recherche.

Optimisation des Titres de Page, Descriptions et URLs :

1. Titres de Page (Title Tags) :

• Choisissez des titres uniques et pertinents pour chaque page de votre site.

• Utilisez des mots-clés pertinents dans le titre pour améliorer la visibilité.

2. Descriptions de Page (Meta Descriptions) :

• Rédigez des descriptions concises et informatives pour chaque page.

• Incluez des appels à l'action (CTA) pour encourager les clics.

3. URLs Conviviales :

• Créez des URLs simples, compréhensibles et conviviales.

• Utilisez des mots-clés dans les URLs lorsque cela est

pertinent.

Soumission des Sitemaps aux Moteurs de Recherche :

1. Qu'est-ce qu'un Sitemap :

• Un sitemap est un fichier XML répertoriant toutes les pages de votre site, facilitant la compréhension par les moteurs de recherche.

2. Création du Sitemap :

• Utilisez des outils en ligne ou des plugins SEO pour créer un sitemap automatiquement.

• Assurez-vous que le sitemap est à jour chaque fois que vous apportez des modifications importantes à votre site.

3. Soumission aux Moteurs de Recherche :

• Soumettez votre sitemap aux principaux moteurs de recherche, tels que Google Search Console et Bing Webmaster Tools.

• Suivez les instructions spécifiques de chaque moteur de recherche pour la soumission.

4. Vérification Régulière :

• Vérifiez régulièrement les rapports dans les outils pour webmasters pour détecter tout problème lié au sitemap.

• Corrigez rapidement les erreurs signalées pour maintenir une bonne indexation.

Conseils Pratiques :

• Recherche de Mots-Clés : Effectuez une recherche approfondie des mots-clés pertinents pour votre secteur et utilisez-les naturellement dans le contenu de votre site.

• Contenu de Qualité : Publiez un contenu de qualité et actualisez-le régulièrement pour montrer aux moteurs de recherche que votre site est pertinent.

• Liens Internes : Utilisez des liens internes pour connecter les pages de votre site, facilitant la navigation pour les utilisateurs et les moteurs de recherche.

• Mobile-Friendly : Assurez-vous que votre site est optimisé pour les appareils mobiles, car la convivialité mobile est un facteur de classement important.

• Évitez le Contenu Dupliqué : Évitez d'avoir du contenu identique sur plusieurs pages de votre site. Utilisez des balises canoniques si nécessaire.

# INTÉGRATION DE GOOGLE ANALYTICS

Intégrer Google Analytics à votre site Wix est une étape essentielle pour comprendre le comportement des utilisateurs, évaluer la performance de votre site et prendre des décisions informées pour son amélioration continue. Cette note vous guide à travers le processus d'intégration et de surveillance avec des conseils pour maximiser l'utilisation de Google Analytics.

Connexion du Site Wix à Google Analytics :

1. Création d'un Compte Google Analytics :

• Si vous n'avez pas déjà un compte, créez un compte Google Analytics sur la plateforme Google Analytics.

2. Configuration d'une Propriété et d'une Vue :

• Ajoutez votre site en tant que propriété dans Google Analytics.

• Configurez une vue pour définir les rapports spécifiques que vous souhaitez générer.

3. Obtention du Code de Suivi :

• Dans Google Analytics, accédez à l'onglet "Admin" et copiez le code de suivi fourni pour votre propriété.

4. Intégration dans Wix :

• Dans le tableau de bord Wix, accédez à "Paramètres" > "Marketing et SEO" > "Google Analytics".

• Collez le code de suivi dans la section prévue à cet effet et sauvegardez les modifications.

Surveillance de la Performance du Site et du Comportement des Utilisateurs :

1. Analyse du Trafic du Site :

• Dans Google Analytics, explorez l'onglet "Rapports" pour accéder à des données détaillées sur le trafic de votre site.

• Analysez le nombre de visiteurs, les pages les plus consultées, la durée moyenne des sessions, etc.

2. Suivi des Objectifs et des Conversions :

• Configurez des objectifs dans Google Analytics pour suivre les actions spécifiques des utilisateurs, comme les formulaires remplis ou les achats.

• Utilisez les rapports de conversion pour évaluer la performance de ces objectifs.

3. Analyse des Sources de Trafic :

• Identifiez les sources de trafic en analysant les rapports sur l'acquisition. Cela inclut le trafic direct, organique, payant et provenant des médias sociaux.

• Utilisez ces informations pour ajuster vos stratégies de marketing en ligne.

4. Compréhension du Comportement des Utilisateurs :

• Explorez les rapports sur le comportement utilisateur pour comprendre comment les utilisateurs naviguent sur votre site.

• Identifiez les pages de sortie, les points d'entrée, et les chemins de conversion.

Conseils Pratiques :

• Personnalisation des Rapports : Personnalisez les rapports dans Google Analytics pour répondre à vos besoins spécifiques. Créez des segments personnalisés pour analyser des groupes d'utilisateurs spécifiques.

• Suivi des Événements : Utilisez le suivi des événements pour mesurer des actions spécifiques, telles que le clic sur des boutons ou la lecture de vidéos.

• Rapports Réguliers : Établissez une routine

de vérification des rapports Google Analytics pour rester informé sur les tendances et les performances de votre site.

• Optimisation des Pages : Identifiez les pages avec des taux de rebond élevés et optimisez-les pour améliorer l'expérience utilisateur.

• A/B Testing : Utilisez les fonctionnalités d'A/B testing pour tester différentes variantes de pages et optimiser les conversions.

# CHAPITRE QUATRE



La fonction de prévisualisation sur Wix est une étape cruciale pour garantir que votre site est prêt avant d'être publié en ligne. Cette note vous guide à travers l'utilisation de la fonction de prévisualisation, vous aidant à repérer et à résoudre tout problème ou erreur potentiel sur votre site avant qu'il ne soit accessible au public.

Utilisation de la Fonction de Prévisualisation :

1. Accédez à l'Éditeur : Connectez-vous à votre compte Wix et accédez à l'Éditeur de votre site.

2. Révision des Modifications : Avant de publier des modifications importantes, assurez-vous de les réviser dans l'Éditeur.

3. Cliquer sur "Aperçu" : Dans l'Éditeur, recherchez l'option "Aperçu" (ou "Prévisualiser") pour voir comment votre site apparaîtra en ligne.

4. Navigation à Travers les Pages : Explorez chaque page de votre site pour vérifier la mise en page, les images, les liens, et autres éléments.

5. Test de la Navigation : Vérifiez la navigation entre les pages pour vous assurer qu'elle est fluide et intuitive.

Résolution de Problèmes ou d'Erreurs :

1. Vérification des Liens : Cliquez sur tous les liens pour

vous assurer qu'ils dirigent vers les pages correctes.

2. Images et Médias : Vérifiez que toutes les images et autres médias sont correctement affichés. Assurez-vous qu'ils sont de haute qualité et bien dimensionnés.

3. Compatibilité Mobile : Assurez-vous que votre site est responsive en vérifiant son apparence sur différents appareils dans la fonction de prévisualisation.

4. Formulaires et Fonctionnalités : Si votre site comprend des formulaires ou d'autres fonctionnalités interactives, testez-les pour garantir qu'ils fonctionnent correctement.

5. Lisibilité du Texte : Assurez-vous que le texte est lisible avec une mise en forme correcte, y compris les titres, les paragraphes, et la police.

Conseils Pratiques :

• Révisions Fréquentes : Prévisualisez votre site régulièrement, surtout après avoir apporté des modifications significatives.

• Demandez un Avis : Faites appel à un ami ou à un collègue pour prévisualiser votre site et fournir des commentaires objectifs.

• Testez sur Différents Navigateurs : Si possible, prévisualisez votre site sur différents navigateurs pour vous assurer de sa compatibilité.

• Utilisez les Outils de Développement : Les outils de développement du navigateur peuvent aider à identifier des problèmes spécifiques, notamment en matière de codage.

# PUBLICATION DE VOTRE SITE

La publication de votre site sur Wix est la dernière étape pour le rendre accessible au public. Cette note fournit un guide détaillé étape par étape pour mettre votre site en ligne et explique les concepts de sous-domaines et de domaines personnalisés sur Wix.

Guide Étape par Étape pour Mettre Votre Site en Ligne :

1. Finalisez les Modifications : Avant de publier, assurez-vous que toutes les modifications souhaitées ont été apportées à votre site.

2. Accédez à l'Éditeur : Connectez-vous à votre compte Wix et accédez à l'Éditeur de votre site.

3. Cliquez sur "Publier" : Recherchez l'option "Publier" dans l'Éditeur. Cela déclenchera le processus de publication.

4. Choisissez un Domaine : Si vous avez déjà un domaine personnalisé, choisissez-le. Sinon, Wix vous attribuera un sous-domaine gratuit.

5. Sauvegardez et Publiez : Une fois le domaine sélectionné, sauvegardez vos modifications et cliquez sur "Publier". Votre site est désormais en ligne.

6. Vérifiez la Visibilité : Assurez-vous que votre site est accessible en vérifiant le lien fourni après la publication.

Explication des Sous-Domaines et des Domaines Personnalisés :

1. Sous-Domaines :

• Les sous-domaines sur Wix sont gratuits et prennent la forme de "nomutilisateur.wixsite.com".

• Ils sont utiles si vous n'avez pas encore de domaine personnalisé ou si vous utilisez le plan gratuit de Wix.

2. Domaines Personnalisés :

• Un domaine personnalisé, tel que "www.monsite.com", donne à votre site une apparence plus professionnelle.

• Vous pouvez acheter un domaine directement auprès de Wix ou utiliser un domaine existant que vous possédez.

3. Achat d'un Domaine sur Wix :

• Wix propose une fonction d'achat de domaines qui simplifie le processus. Choisissez un domaine disponible et suivez les étapes d'achat.

4. Configuration d'un Domaine Existant :

• Si vous possédez déjà un domaine, configurez-le avec Wix en suivant les instructions de liaison de domaine.

5. Gestion des Domaines dans le Tableau de Bord :

• Sur le tableau de bord Wix, allez dans "Paramètres" > "Domaines" pour gérer vos domaines, sous-domaines, et configurer les paramètres.

Conseils Pratiques :

• SSL Gratuit : Assurez-vous d'activer le certificat SSL gratuit sur votre site pour garantir une connexion sécurisée.

• Révision Post-Publication : Après la publication, revisitez votre site pour vous assurer que tout fonctionne correctement.

• Partage sur les Réseaux Sociaux : Une fois en ligne, partagez votre site sur les réseaux sociaux pour augmenter sa visibilité.

• Mises à Jour Régulières : Continuez à mettre à jour votre site avec du nouveau contenu pour maintenir son attractivité.

# PROBLÈMES COURANTS

Rencontrer des problèmes lors de la création et de la gestion de votre site Wix est inévitable, mais la manière dont vous les abordez peut faire toute la différence. Cette note fournit des conseils de dépannage et des solutions pour traiter les problèmes et erreurs courantes que vous pourriez rencontrer.

Problèmes Courants et Solutions :

1. Problème : Difficulté à Ajouter des Éléments dans l'Éditeur

• Solution : Assurez-vous que vous utilisez un navigateur compatible avec Wix (Google Chrome recommandé). Effacez le cache du navigateur et essayez à nouveau. Si le problème persiste, vérifiez les extensions du navigateur qui pourraient interférer.

2. Problème : Site qui ne s'Affiche Pas Correctement sur Mobile

• Solution : Utilisez la fonction de prévisualisation mobile dans l'Éditeur pour identifier les problèmes. Assurez-vous que votre site est responsive en ajustant les éléments si nécessaire.

3. Problème : Lenteur de Chargement du Site

• Solution : Réduisez la taille des images et des médias. Limitez l'utilisation de widgets lourds. Utilisez l'outil de test de vitesse pour identifier les éléments qui ralentissent le site.

4. Problème : Difficulté à Connecter un Domaine Personnalisé

• Solution : Assurez-vous que le domaine est correctement configuré avec les serveurs DNS de Wix. Suivez les instructions spécifiques de liaison de domaine dans les paramètres Wix.

Conseils de Dépannage Généraux :

1. Effacez le Cache du Navigateur : Les problèmes d'affichage peuvent parfois être résolus en effaçant le cache du navigateur. Faites cela régulièrement, surtout après des mises à jour.

2. Vérifiez les Mises à Jour : Assurez-vous que votre navigateur est à jour pour éviter les problèmes de compatibilité avec Wix.

3. Consultez la Base de Connaissances Wix : Wix propose une base de connaissances complète avec des articles de dépannage. Recherchez des solutions spécifiques à votre problème.

4. Contactez le Support Technique : Si les problèmes persistent, contactez le support technique de Wix. Ils sont disponibles pour fournir une assistance personnalisée.

5. Vérifiez les Forums Wix : Les forums de la communauté Wix sont une excellente ressource pour obtenir de l'aide. D'autres utilisateurs peuvent partager leurs expériences et solutions.

Rappels Importants :

• Sauvegardez Régulièrement : Avant d'apporter des modifications importantes, assurez-vous de sauvegarder votre site pour éviter la perte de données en cas de problème.

• Documentation Utile : Familiarisez-vous avec la documentation Wix, y compris les guides d'utilisation et les FAQ, pour une référence rapide.

• Testez sur Différents Appareils : Testez régulièrement votre site sur différents appareils pour vous assurer de sa compatibilité.

# OPTIONS DE SUPPORT WIX

Le support Wix est une ressource précieuse pour les utilisateurs qui ont des questions ou rencontrent des problèmes lors de la création et de la gestion de leur site. Cette note fournit un aperçu des ressources de support Wix et explique comment contacter le support Wix pour obtenir une assistance.

Aperçu des Ressources de Support Wix :

1. Base de Connaissances : La base de connaissances Wix est une bibliothèque complète d'articles, de guides et de tutoriels couvrant une variété de sujets liés à la création de sites sur la plateforme. Elle offre des solutions aux problèmes courants et des instructions détaillées pour utiliser les fonctionnalités de Wix.

2. Forums de la Communauté : Les forums de la communauté Wix sont un espace où les utilisateurs peuvent poser des questions, partager leurs expériences et obtenir des conseils d'autres membres de la communauté. Les discussions peuvent souvent fournir des solutions à des problèmes spécifiques.

3. Centre d'Aide : Le Centre d'Aide Wix est une ressource en ligne comprenant des guides et des vidéos pour aider les utilisateurs à tirer le meilleur parti de la plateforme.

Il couvre divers sujets, de la conception de sites Web à la gestion des aspects techniques.

4. Assistance Technique : Le support technique Wix propose une assistance personnalisée pour les problèmes spécifiques que les utilisateurs pourraient rencontrer. Les utilisateurs premium bénéficient généralement d'une assistance plus rapide et plus approfondie.

Comment Contacter le Support Wix pour Obtenir de l'Aide :

1. Via le Tableau de Bord Wix :

• Connectez-vous à votre compte Wix.

• Accédez à votre tableau de bord.

• Cliquez sur "Aide" ou "Support" pour accéder à la section d'assistance.

2. Assistance par Email :

• Si vous ne trouvez pas de réponse dans la base de connaissances ou les forums, vous pouvez contacter le support par email. Cela peut être fait en sélectionnant l'option appropriée dans la section d'aide.

3. Assistance Téléphonique (pour les utilisateurs Premium) :

• Les utilisateurs Premium de Wix peuvent bénéficier d'une assistance téléphonique. Le numéro de téléphone est généralement disponible dans la section d'aide du tableau de bord.

4. Réseaux Sociaux :

• Wix est également actif sur les réseaux sociaux, et certains utilisateurs ont réussi à obtenir de l'aide en les contactant via des plateformes telles que Twitter ou Facebook.

Conseils Pratiques :

• Préparez des Informations Précises : Avant de contacter le support, rassemblez des informations détaillées sur le problème que vous rencontrez. Cela aidera le support à vous fournir une assistance plus rapide et plus précise.

• Consultez les Ressources Disponibles : Avant de contacter le support, explorez les ressources de base de connaissances et les forums. Vous pourriez trouver une réponse à votre question sans avoir besoin de contacter le support.

• Utilisez le Chat en Ligne (si disponible) : Certains utilisateurs peuvent avoir accès à une fonction de chat en ligne pour obtenir une assistance immédiate.

# CONCLUSION

En conclusion, Wix se présente comme le partenaire idéal pour concrétiser vos ambitions en ligne. Avec sa plateforme conviviale et son éditeur intuitif basé sur le glisser-déposer, la création de votre site web devient une expérience agréable, accessible à tous, indépendamment de votre niveau de compétence technique.

Que vous soyez un entrepreneur, un artiste, un blogueur ou un propriétaire de boutique en ligne, Wix offre une multitude de fonctionnalités pour répondre à vos besoins spécifiques. La diversité des modèles élégants vous permet de personnaliser votre présence en ligne de manière unique, reflétant ainsi votre identité et votre vision.

La simplicité d'utilisation de Wix ne sacrifie en rien la puissance. Avec l'hébergement inclus, la gestion des domaines et une interface conviviale, Wix offre une solution tout-en-un pour créer, publier et maintenir votre site web sans tracas.

Rejoignez une communauté mondiale de créateurs qui ont choisi Wix pour donner vie à leurs projets digitaux. Les ressources abondantes, les forums actifs et le soutien constant font de Wix bien plus qu'une plateforme de création de sites web : c'est une communauté dynamique où les idées s'épanouissent et où les succès se partagent.

Alors, pourquoi attendre ? Votre aventure digitale commence ici, avec Wix. Libérez votre créativité, connectez-vous au monde en ligne et faites de votre site web une réalité avec Wix dès aujourd'hui !